Les Ateliers Hachette présentent :

CE2
Cycle 3

HISTOIRE GÉOGRAPHIE

Cahier d'exercices

Maryse CLARY
Maître de conférences
à l'IUFM d'Aix-Marseille

Geneviève DERMENJIAN
Maître de conférences
à l'IUFM d'Aix-Marseille

HACHETTE
Éducation

Sommaire d'histoire

Avant-propos 3

La Préhistoire

L'apparition de l'homme 6
Les premiers outils et la maîtrise du feu 8
Les premiers habitants de la France 10
La naissance de l'art 12
Les débuts de l'agriculture 14
Sédentarisation et artisanat 15
Le travail du métal 16
Les mégalithes 17

L'Antiquité

L'aventure de l'écriture 18
Les premiers États 20
La Gaule celtique : une mosaïque de peuples 22
La religion gauloise 24
L'économie de la Gaule celtique 26
Rome et la conquête de la Gaule 28
La romanisation de la Gaule 30
Les villes gallo-romaines 32
Commerce et artisanat en Gaule romaine 33
Les villas gallo-romaines 34
Juifs et chrétiens 36
De l'Empire romain aux royaumes barbares 37

Le Moyen Âge

Clovis et le royaume franc 38
L'islam et les conquêtes arabes 39
L'Empire des Carolingiens 40
Normands et Vikings 41

Sommaire de géographie

Regards sur le monde

La Terre dans l'espace 43
Continents et océans 44
Les représentations de la Terre 45
Des milieux variés 46
Paysages du monde 48
Où vivent les femmes et les hommes sur la Terre ? 49
Un monde inégal 51
La croissance des villes dans le monde 52

Les paysages européens

Qu'est-ce que l'Europe ? 54
L'Europe des villes 55
Les paysages de l'Europe 56
Les reliefs en Europe 57
Les climats en Europe 59

Les paysages français

La France dans l'Europe 60
Les reliefs en France 62
Les climats en France 64
La population de la France 66
Les paysages urbains en France 68
Les paysages ruraux en France 70
Les paysages industriels en France 72
Les paysages montagnards en France 74
Les paysages littoraux en France 75
Les paysages du tourisme en France 76
Se déplacer en France 77
Les DOM-TOM 78
La présence de la France dans le monde 80

L'apparition de l'homme

Livre pages 16 et 17

Avant les hommes

1. Lis ton livre page 16, puis réponds aux questions.

a. Où sont apparus les pré-humains ?

....

....

....

b. Quelle était leur alimentation ?

....

c. Quelle était la taille de Lucy ?

....

d. À quel âge est-elle morte ?

....

e. Comment se tenait-elle ?

....

f. Comment marchait-elle ?

....

....

Les premiers hommes

2. Lis ton livre page 16, puis réponds aux questions.

a. À quelle date les premiers hommes sont-ils apparus ?

....

b. Où sont-ils apparus ?

....

c. Pourquoi pense-t-on que ce sont bien des humains ?

....

....

....

....

3. Situe sur cette frise chronologique l'époque où vécut Lucy et celle où vécut l'homme de Cro-Magnon. Indique-les par une croix.

4. Comment s'appellent les quatre espèces d'hommes qui se sont succédé dans le temps ? Classe-les dans l'ordre chronologique.

5. Décris l'homme de Cro-Magnon en t'aidant du tableau de ton livre page 17.

6. Pourquoi dit-on que les hommes et les femmes d'aujourd'hui sont les descendants directs de l'homme de Cro-Magnon ?

Mon résumé

Les premiers habitants de la France

Livre pages 20 et 21

Les premiers habitants

1. Lis ton livre page 20, puis réponds aux questions.

a. Quel est le nom de la plus vieille espèce humaine ayant vécu en France ?

....

b. D'où venait-elle ?

....

c. À quelle époque vivait cette espèce humaine ?

....

d. Que chassaient ces premiers habitants ?

....

....

....

2. À l'aide du document 3 de ton livre page 20, écris le menu d'un homme de Tautavel.

....

....

....

....

3. Remets les mots suivants à leur place dans le texte :
viande – grotte – chasseur – gibier – fruits – céréales.

L'homme de Tautavel était un .... qui suivait le .... pour se nourrir. Il séjournait de temps à autre dans la .... de Tautavel. Il mangeait de la ...., des .... et des ....

Les premiers progrès

4. Quels outils *Homo erectus* a-t-il inventés ? Aide-toi de la page 21 de ton livre.

....

....

....

....

Les espèces plus récentes

5. Lis le texte, puis réponds aux questions.

Les femmes préhistoriques « techniciennes »
On considère aujourd'hui que les femmes ont pu produire des outils « faciles à obtenir pour un usage quotidien et immédiat par une simple percussion [sur un silex]. La taille de la pierre exige plus d'adresse que de puissance musculaire et elle peut être pratiquée par des femmes. Or [les] éclats se trouvent en abondance sur les sols d'habitations et, de là, il faut peut-être conclure que la plupart des fragments de silex éclatés que rencontrent les préhistoriens sur ces sites témoignent de l'activité domestique des femmes. »

D'après Claudine Cohen, *La Femme des origines*, © Éditions Herscher, 2003.

a. Qu'est-ce qu'un éclat de silex ? Aide-toi du document 3 de ton livre page 18 pour répondre.

....

....

b. Pourquoi les préhistoriens supposent-ils que les silex trouvés sur les sols d'habitations ont pu être produits par des femmes ?

....

....

Les incertitudes de la Préhistoire

6. Complète le texte avec les mots suivants :
techniques – connaissances – texte – découvertes – photographie.

On ne peut jamais être certain que les .... concernant la Préhistoire sont définitives. Il n'existe aucune ...., aucun .... racontant la vie des hommes et des femmes de cette période. De nouvelles .... et de nouvelles .... de laboratoire peuvent changer les savoirs.

Mon résumé

La naissance de l'art

Livre pages 22 et 23

L'homme de Cro-Magnon est un artiste

1. Recherche dans ton livre pages 22 et 23 les dates qui correspondent à ces premières œuvres d'art, puis inscris-les dans le tableau.

Œuvres	Dates
• Premiers animaux peints et gravés	....
• Premières statuettes féminines	....
• Modelage d'animaux en argile	....

2. Colorie ces deux mains comme le faisaient les hommes de la Préhistoire.

a. Main négative (On peint tout autour de la main.)

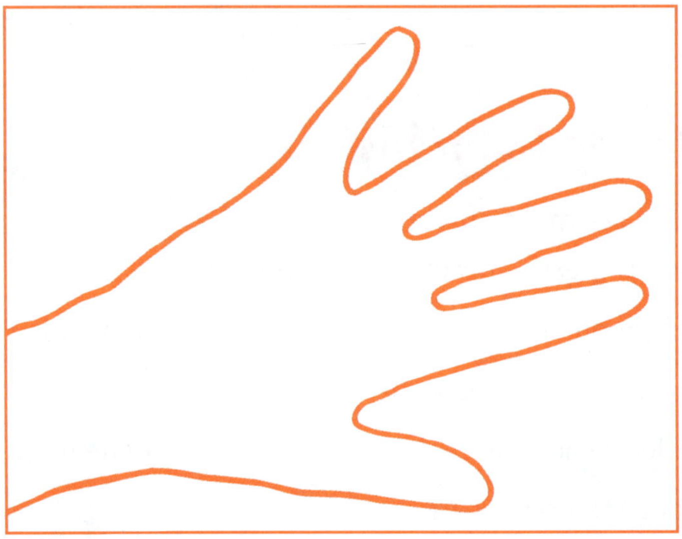

b. Main positive (On peint l'intérieur de la main.)

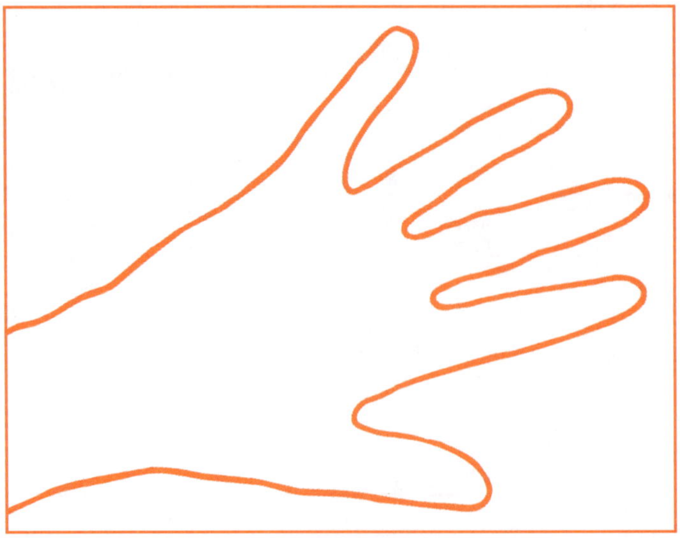

Comment faisait-il ?

3. Avec quoi les hommes préhistoriques fabriquaient-ils leurs couleurs ?

....

....

4. Comment peignaient-ils sur les murs ?

....

....

....

5. Trace des croix sur la frise pour repérer les deux périodes de décoration de la grotte de Cosquer et celle de la grotte de Lascaux. Aide-toi de ton livre pages 22 et 23. Écris le nom de chaque grotte sous la date.

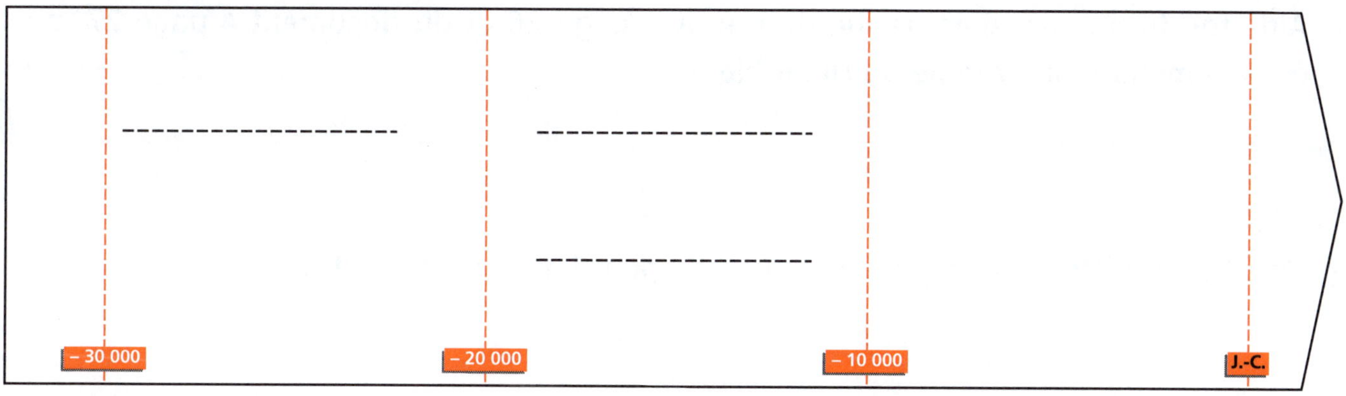

6. Remets dans l'ordre les étapes de la réalisation d'une peinture murale.

- .... Je choisis une belle paroi bien colorée.
- .... Je quitte la grotte.
- .... Je peins.
- .... Je construis un échafaudage pour peindre en hauteur.
- .... Je découvre une grotte et je la visite.
- .... Je prépare mes couleurs.

Mon résumé

Les débuts de l'agriculture

Livre pages 26 et 27

Le Néolithique

1. Lis le premier paragraphe de ton livre page 26, puis réponds aux questions.

a. Remets dans l'ordre les différentes étapes qui ont permis à la culture néolithique de se développer.

A. apparition de l'élevage	....	**C.** apparition de l'agriculture	....
B. changements climatiques	....	**D.** sédentarisation	....

b. Explique comment la culture néolithique a pu se répandre.

....

....

2. Aide-toi du premier paragraphe de ton livre page 26 et du document 4 page 27, puis écris le menu d'un homme du Néolithique.

....

....

3. Vois-tu des différences avec le menu établi pour l'homme de Tautavel ?

....

....

La diffusion de l'agriculture

4. Lis ton livre page 27, puis complète le texte en utilisant ces mots :
Proche-Orient – Afrique – lentement – Méditerranée.

L'agriculture est née au .... Elle s'est diffusée .... en direction de l'est puis de l'ouest de la .... et de l'........................ .

Mon résumé

Résume la leçon en utilisant les mots : élevage – agriculture – Néolithique.

Sédentarisation et artisanat

Livre pages 28 et 29

La sédentarisation

1. **Qu'est-ce qu'un sédentaire ? Aide-toi de ton livre page 28.**

....

Les premiers villages

2. **Lis ton livre page 28. Quelles sont les différences entre les habitations néolithiques et celles de la région où tu habites ?**

....

....

Les premières maisons en France

3. **Décris les premières maisons de France en utilisant les mots :**
chaume – bois – pierre – feuillage – terre – pilotis.

....

....

4. **Les maisons de cette époque étaient protégées. Retrouve deux de ces protections en reconstituant les mots ci-dessous.**

SA	FOS	PA	DES	SÉS	LIS	.....	.....	.....	.....	.....	.....

L'artisanat

5. **Relis ton livre page 29. Explique ce que l'on fabrique avec de l'argile cuite, de l'osier et du bois.**

....

....

Mon résumé

Le travail du métal

Livre pages 30 et 31

La naissance de la métallurgie

1. Lis ton livre page 30, puis réponds aux questions.

a. À quelle date apparaît la métallurgie ? ....

b. Les hommes ont travaillé en premier des métaux peu durs. Lesquels ?

....

c. Observe le document 1, puis explique comment on produisait les objets en bronze.

....

....

....

d. Quels objets peut-on fabriquer avec du bronze ? ....

....

La diffusion de la métallurgie

2. Pourquoi la métallurgie est-elle apparue plus tard en Europe qu'au Moyen-Orient ?

....

....

....

3. Écris sur la frise quels événements se sont produits aux dates indiquées.

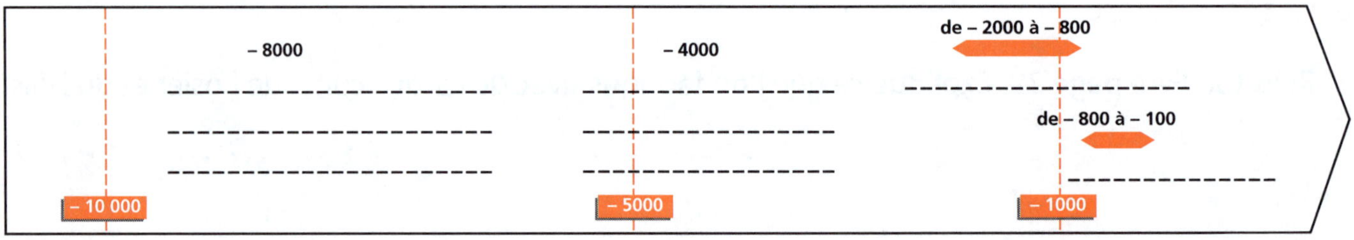

Mon résumé

Les mégalithes

Livre pages 32 et 33

Qu'est-ce qu'un mégalithe?

1. Lis ton livre pages 32 et 33, puis réponds aux questions.

a. Qu'est-ce qu'un mégalithe ?

b. À quelle époque ont été dressés les mégalithes ?

c. Que représente la statue-menhir de la page 33 ? À quoi le vois-tu ?

d. À quoi pense-t-on que pouvaient servir les menhirs ?

e. À quoi servaient les dolmens ?

Reconnaître un mégalithe

2. Les monuments suivants sont-ils des mégalithes ? Entoure la bonne réponse.

a. La cathédrale de Chartres : *oui – non*

b. La voie romaine appelée *via Appia* : *oui – non*

c. Les dolmens corses : *oui – non*

d. La Grande Muraille de Chine : *oui – non*

e. Les menhirs de Carnac (Bretagne) : *oui – non*

Mon résumé

Résume la leçon en utilisant les mots : mégalithe – dolmen – menhir – Europe.

L'aventure de l'écriture

Livre pages 36 et 37

Différentes façons d'écrire

1. **En t'aidant de la carte de la page 36, écris le nom des pays où sont nés :**

a. l'écriture cunéiforme : ....

b. les hiéroglyphes : ....

c. l'alphabet : ....

2. **Écris le nom de ces pays sur la carte, puis le nom des fleuves qui les traversent.**

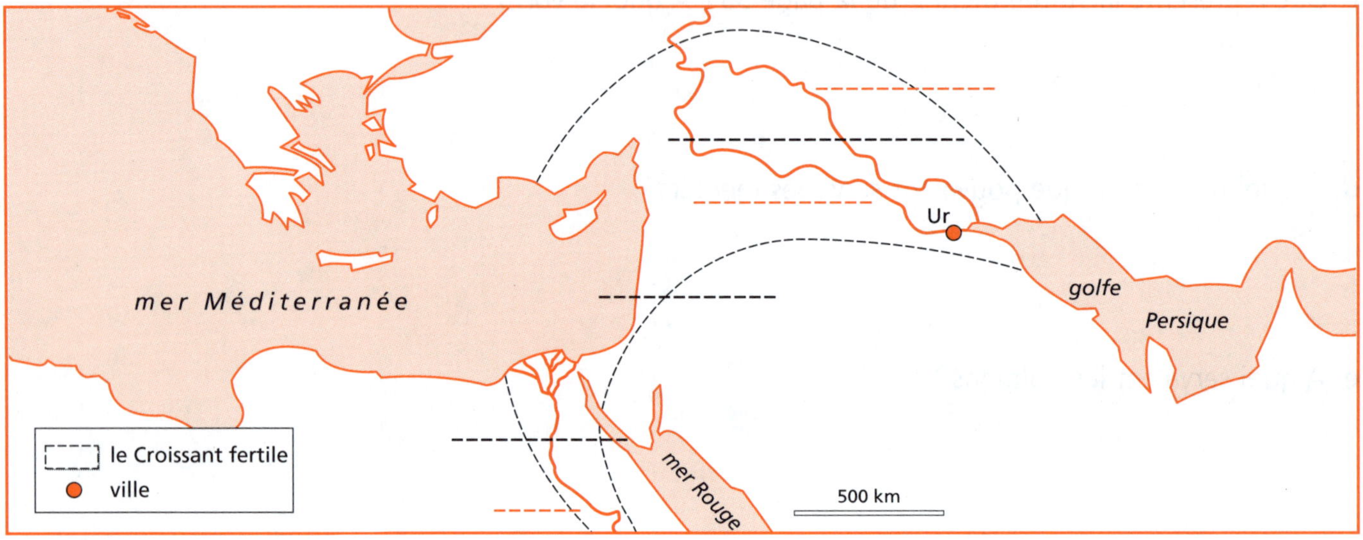

3. **Qu'est-ce qu'un alphabet ?**

....

....

4. **Quels sont les trois alphabets que tu connais ?**

....

....

Les usages de l'écriture

5. **Qu'ont pu faire les hommes une fois qu'ils savaient écrire et qu'ils ne pouvaient pas faire avant ?**

....

....

....

....

6. **Cherche sur ton livre pourquoi on dit que l'écriture a permis aux hommes de passer de la Préhistoire à l'Histoire ?**

....

....

....

Je réfléchis avec les lettres et les mots

7. **Place sur la grille les mots suivants :**
alphabet – argile – écriture – cunéiforme – mots – pictogramme – sons – tablettes.

8. **Écris ces mots en alphabet phénicien :** ami – bonbon – enfant – grotte – roi – toupie – zone.

....

....

Mon résumé

Résume la leçon en utilisant les mots :
écriture – cunéiforme – mots – hiéroglyphes – Mésopotamie – Égypte.

Les premiers États

Livre pages 38 et 39

Les premières villes

1. Lis ton livre page 38, puis réponds aux questions.

a. Où sont nées les premières villes ?

b. Qu'est-ce qu'une cité-État ? Aide-toi de ton livre page 38 et de la définition page 39.

L'Égypte

2. Lis ton livre page 39, puis réponds aux questions.

a. Qui était Pharaon ?

b. Écris deux phrases sur l'Égypte pharaonique avec les mots : Nil – pharaon – scribes – armée – religion.

c. Voici deux pyramides d'Égypte. Observe-les.

Quelles différences et quelles similitudes remarques-tu ?

La Grèce

3. Lis le texte, puis réponds aux questions.

Une définition de la démocratie athénienne
Athènes est libre, notre peuple y règne. Tour à tour, les citoyens, les magistrats annuels administrent l'État. Nul privilège à la fortune. Grâce aux lois écrites, le pauvre et le riche ont des droits égaux.

D'après Euripide, *Les Suppliantes* (pièce de théatre du ve siècle av. J.-C.).

a. Pourquoi peut-on dire que le peuple règne à Athènes ?

b. Pourquoi les lois écrites protègent-elles les citoyens ?

4. Lis le texte, puis réponds aux questions.

Une autre définition de la démocratie athénienne
À Athènes, l'État est gouverné dans l'intérêt de tous. Notre régime s'appelle « la démocratie ». [...] Les lois assurent à tous l'égalité. Même les citoyens pauvres peuvent participer au gouvernement de la cité, car les qualités personnelles sont plus importantes que la richesse.

D'après Thucydide, *Histoire de la guerre du Péloponnèse*, 431-404 av. J.-C.

a. Recherche dans ton livre et dans un dictionnaire la définition du mot « démocratie ».

b. Pourquoi tous les citoyens peuvent-ils participer au gouvernement d'Athènes ?

Mon résumé

La Gaule celtique : une mosaïque de peuples

Livre pages 40 et 41

Les Celtes

1. Lis ton livre page 40, puis réponds aux questions.

a. Quand les Celtes sont-ils arrivés en Europe de l'Ouest ?

b. Comment connaissons-nous leur histoire ?

c. Qui leur a donné le nom de « Gaulois » ?

La société gauloise

2. Lis ton livre page 40, puis réponds aux questions.

a. Qui dirigeait les peuples celtes ?

b. Les gens du peuple avaient-ils beaucoup de pouvoir ?

c. Quels étaient les droits des femmes ? Que ne pouvaient-elles pas faire ?

3. Lis le texte, puis réponds aux questions.

Les pouvoirs du chef de famille

Leurs enfants, avant qu'ils ne soient en âge de porter les armes, n'ont pas le droit de se présenter devant leurs pères en public. […] Les maris ont droit de vie et de mort sur leurs femmes et leurs enfants.

Jules César, *La Guerre des Gaules*, livre VI, 51 av. J.-C., traduction L. A. Constans, © Les Belles Lettres, Paris.

a. Quels sont les pouvoirs du chef de famille ?

b. Comment les enfants sont-ils considérés dans la société gauloise ?

4. **Pourquoi les Gaulois se faisaient-ils souvent la guerre ? Aide-toi de ton livre page 41.**

....

....

5. **Place sur la grille les mots suivants :** druide – chevalier – oppidum – guerrier – celte.

Les Grecs en Gaule

6. **Lis ton livre page 41, puis réponds aux questions.**

a. À quelle date et par qui Marseille a-t-elle été fondée ?

....

....

b. Qu'est-ce que les Grecs ont apporté comme nouveautés en Gaule ?

....

....

....

Mon résumé

La religion gauloise

Livre pages 42 et 43

Les dieux des Gaulois

1. Lis ton livre page 42, puis réponds aux questions.

a. Qui était Teutatès ?

b. Qui était Épona ?

2. Lis le texte, puis réponds aux questions.

> **Les dieux gaulois**
>
> Le dieu qu'ils honorent le plus est Mercure. Ses statues sont les plus nombreuses ; ils le considèrent comme l'inventeur de tous les arts. Il est pour eux le dieu qui indique la route à suivre, qui guide le voyageur ; il est celui qui est le plus capable de faire gagner de l'argent et de protéger le commerce. […] Apollon guérit les maladies, Minerve enseigne les travaux manuels, Jupiter est le maître des dieux ; Mars préside aux guerres.
>
> Jules César, *La Guerre des Gaules*, livre VI, 51 av. J.-C., traduction L. A. Constans, © Les Belles Lettres, Paris.

a. Quel est le rôle de Mercure ?

b. À quelles professions est-il le plus utile ?

c. Quels autres dieux les Gaulois honorent-ils ?

La religion gauloise

3. Où avaient lieu les cérémonies religieuses ?

4. **À quoi servaient les autels creusés dans le sol ?**

5. **Explique ce qu'est un druide. Aide-toi de la page 43 de ton livre.**

6. **Les druides sacrifiaient-ils des animaux domestiques ? Lesquels ?**

7. **Lis le texte, puis réponds aux questions.**

> Quand [les Gaulois ont décidé] de livrer bataille, ils promettent généralement à [Mars] le butin qu'ils feront. Vainqueurs, ils lui offrent en sacrifice le butin vivant et entassent le reste en un seul endroit. [...] Il n'est pas arrivé qu'un homme osât, au mépris de la loi religieuse, dissimuler chez lui son butin ou toucher aux offrandes : semblable crime est puni d'une mort terrible.
>
> Jules César, *La Guerre des Gaules*, livre VI, 51 av. J.-C., traduction L. A. Constans, © Les Belles Lettres, Paris.

a. Que veut dire l'expression « butin vivant » ?

b. Les Gaulois respectent ils les offrandes faites aux dieux ? Pourquoi ?

Mon résumé

Rome et la conquête de la Gaule

Livre pages 50 et 51

Rome

1. Lis le premier paragraphe de ton livre page 50, puis réponds aux questions.

a. Où est située la ville de Rome ?

b. Quand a-t-elle été fondée selon la légende ?

c. Autour de quelle mer Rome a-t-elle établi son Empire ?

2. Lis le texte, puis réponds aux questions.

> **La conquête romaine vue par un auteur du Iᵉʳ siècle av. J.-C.**
> Les Romains n'ont jamais eu qu'une seule raison de faire la guerre à tous les peuples, à tous les rois : c'est un insatiable désir de pouvoir et de richesses. […] Depuis le début, ils n'ont rien fait que voler maisons, femmes, territoires, empires. Aucune loi divine ni humaine ne saurait les empêcher de piller, de détruire alliés, amis, voisins ou éloignés, faibles ou puissants. […] C'est par l'audace, le mensonge, c'est en enchaînant les guerres aux guerres qu'ils se sont agrandis.
>
> Salluste, *Œuvres complètes*.

a. Pour quelles raisons les Romains ont-ils entrepris leur conquête ?

b. Comment se fait cette conquête ?

La conquête de la Gaule

3. Lis le second paragraphe de ton livre pages 50 et 51, puis réponds aux questions.

a. Qui était Jules César ?

b. Quel rôle a-t-il joué dans la conquête de la Gaule ?

c. Écris un texte sur Vercingétorix en utilisant les mots : chef – Arvernes – Gergovie – Alésia.

. . . .

. . . .

. . . .

d. Par quelle ruse les Romains se sont-ils emparés de la dernière forteresse gauloise ?

. . . .

. . . .

e. Retrouve dans ton livre pages 51 et 52 les événements qui correspondent à ces dates.
Écris-les ensuite dans le tableau.

Date	Événement
• 125 av. J.-C.	. . . .
• 58 av. J.-C.	. . . .
• 52 av. J.-C.	. . . .
• 51 av. J.-C.	. . . .

4. « Qui suis-je ? »

a. « Je suis un général romain et j'ai gagné la bataille d'Alésia. Un grand chef gaulois s'est rendu à moi.

Je suis : . . . . »

b. « Je suis le jeune chef des Arvernes. J'ai réuni les Gaulois autour de moi. Mais, après quelques succès, nous avons perdu la guerre dans Alésia. Je suis devenu le prisonnier de mon vainqueur.

Je suis : . . . . »

c. « Je suis un livre qui raconte, par exemple, le dernier combat entre César et Vercingétorix.

Je suis : . . . . »

Mon résumé

La romanisation de la Gaule

Livre pages 52 et 53

La romanisation

1. Lis ton livre page 52, puis réponds aux questions.

a. Qu'appelle-t-on « la romanisation » ? Donne un exemple.

. . . .

. . . .

. . . .

. . . .

b. Relie les morceaux d'étiquettes pour retrouver les noms des quatre provinces romaines.

NARBON •	• TAINE
AQUI •	• NAISE
LYON •	• GIQUE
BEL •	• NAISE

c. Inscris sur la carte de la Gaule chacune des quatre provinces.

Les aménagements de la Gaule romaine

2. Complète le texte avec les mots suivants :
commerce – armées – routes – ponts – villes – provinces – ports.

Après la conquête, la Gaule a été divisée en quatre .... Les Romains ont construit ou agrandi de nombreuses .... Des .... ont permis d'aller d'un point à l'autre de l'Empire. Des .... et des .... ont facilité la progression des .... et permettaient au .... de se développer.

La Gaule romaine

3. Lis ton livre page 53, puis réponds aux questions.

a. Qu'appelle-t-on « un Gallo-Romain » ?

....

....

....

b. La culture gauloise a-t-elle complètement disparu de la Gaule romaine ? Pourquoi ?

....

....

....

....

c. À quelle époque les habitants de l'Empire romain sont-ils devenus tous citoyens ?

....

Mon résumé

Les villes gallo-romaines

Livre pages 54 et 55

La ville

1. Avec quels matériaux les villes gallo-romaines sont-elles construites ?

2. Les maisons des habitants riches et celles des plus pauvres sont-elles les mêmes ?

3. Quels sont les principaux monuments construits par les Romains dans les villes ?

Vivre en ville

4. Quelle est la ville de Gaule la plus peuplée ?

5. Lis le texte, puis réponds aux questions.

> **Les villes romanisées –** Le monde entier est en fête. Il a abandonné l'équipement de guerre pour se livrer à la joie de vivre. Pas d'autre rivalité entre cités que celle de devenir la plus riche en gymnases, fontaines, portiques, temples, ateliers, écoles. Plaise aux dieux immortels que l'Empire dure éternellement.
>
> D'après Aetius Aristide, *Éloge de Rome*, IIe siècle ap. J.-C.

a. À ton avis, quand l'auteur parle du « monde entier », à quoi pense-t-il ? Pourquoi ?

b. Par quoi les cités ont-elles remplacé la guerre ?

c. Compare ce texte avec celui de Salluste page 28. Que peux-tu en conclure ?

Mon résumé

Commerce et artisanat en Gaule romaine

Livre pages 56 et 57

L'artisanat

1. **Donne la définition du mot « artisan ». Aide-toi de ton livre page 56.**

2. **Quelles sont les productions artisanales les plus répandues en Gaule romaine ?**

3. **Quels sont les produits artisanaux les plus vendus à l'étranger ?**

4. **Lis le texte, puis réponds aux questions.**

> **Le vin en Gaule** – Les méthodes pour garder le vin diffèrent beaucoup suivant le climat. Dans les Alpes, on le met dans des tonneaux de bois cerclés et même, au fort de l'hiver, on allume des feux pour l'empêcher de geler. [...] Dans les contrées plus tempérées, on le met en jarre qu'on enterre entièrement [ou pas selon] la situation du pays ; ainsi est-il protégé contre le climat. Ailleurs, l'abri d'un toit l'en défend.
>
> Pline l'Ancien, *Histoire naturelle*, XIV, 132, traduction André, « La viticulture en Gaule », Gallia.

a. Comment protège-t-on le vin du froid dans les Alpes ?

b. Comment protège-t-on le vin du froid dans les contrées plus tempérées ?

Le commerce

5. **Par quelles voies les produits commerciaux sont-ils exportés ?**

6. **Pourquoi l'artisanat gallo-romain s'exporte-t-il si bien ?**

Mon résumé

Juifs et chrétiens

Le judaïsme

1. Lis ton livre page 62, puis réponds aux questions.

a. Où les Hébreux étaient-ils installés ? ....

b. Dans quelle ville se trouve leur temple ? ....

c. Comment s'appelle le livre qui raconte leur histoire ? ....

d. À quelle date les juifs seraient-ils arrivés en Gaule ? ....

e. Pourquoi dit-on que le judaïsme et le christianisme sont deux religions monothéistes ?

....

Le christianisme

2. Lis ton livre pages 63 et 65. Colorie sur la frise chronologique :

a. le siècle où a vécu Jésus ;

b. le siècle où le christianisme a été autorisé dans l'Empire romain ;

c. le siècle où le christianisme est devenu religion officielle de l'Empire romain.

J.-C.					
	Ier siècle	IIe siècle	IIIe siècle	IVe siècle	Ve siècle

3. Écris les définitions des mots suivants. Aide-toi de ton livre et d'un dictionnaire.

a. Évangiles : ....

....

b. baptême : ....

....

Mon résumé

De l'Empire romain aux royaumes barbares

Livre pages 68 et 69

L'Empire menacé

1. Lis ton livre page 68, puis réponds aux questions.

a. Quels sont les dangers qui menacent la paix romaine ?

....

....

b. Comment les Romains essaient-ils de défendre les villes contre les invasions barbares ?

....

....

L'Empire réorganisé

2. Comment l'Empire est-il réorganisé en 395 ?

....

La fin de l'Empire

3. Complète cette frise chronologique :

a. en indiquant la première année de chaque siècle ;

b. en indiquant le nom de l'événement correspondant aux dates marquées.

Ier siècle | IIe siècle | IIIe siècle | IVe siècle | Ve siècle

370 ______________________

476 __________

____

____ | ____ | ____ | ____ | ____ | ____

4. Quelles sont les conséquences des Grandes Invasions (appelées aussi « Grandes Migrations ») ?

....

....

Mon résumé

Clovis et le royaume franc

Livre pages 70 et 71

Clovis

1. Lis ton livre page 70, puis réponds aux questions.

a. Complète les phrases avec les dates et les mots suivants : Mérovingiens – Francs – 481 – roi – christianisme – dynastie.

Clovis est devenu le .... de tous les .... en .... Il s'est converti au .... Ses successeurs forment la .... des ....

b. Pourquoi les Francs ont-ils pu s'installer durablement en Gaule ?

....

....

2. Observe le document 2 de ton livre page 70, puis imagine ce que se disent les deux personnages de droite.

....

....

Déclin et chute des Mérovingiens

3. Lis ton livre pages 70 et 71, puis explique pourquoi les Mérovingiens ont peu à peu perdu leur pouvoir.

....

....

....

4. Lis le document 4 de ton livre page 71. Explique pourquoi on dit souvent que les derniers rois mérovingiens étaient des rois « fainéants » (qui ne faisaient rien).

....

....

Mon résumé

L'islam et les conquêtes arabes

Livre pages 72 et 73

L'islam

1. Lis les deux premiers paragraphes de ton livre page 72, puis réponds aux questions.

a. Qu'appelle-t-on « l'islam » ?

b. Qu'appelle-t-on « l'hégire » ?

c. Comment s'appelle la ville sainte de l'islam ? Où est-elle située ?

d. Quels sont les « cinq piliers de l'islam » ?

Les conquêtes arabes

2. Lis le troisième paragraphe de ton livre page 72, puis réponds aux questions.

a. Quand les Arabes ont-ils commencé leurs conquêtes ?

b. Où les Arabes ont-ils étendu leurs conquêtes ?

c. Que se passe-t-il après la bataille de Poitiers ?

Mon résumé

L'Empire des Carolingiens

Charlemagne

1. **Lis ton livre page 74. Fais le portrait de Charlemagne en utilisant les dates et les mots suivants :** Carolingiens – 800 – empereur – 748-814 – études – arts et lettres – écoles.

. . . .

. . . .

. . . .

2. **Observe la statue page 74 de ton livre. Quels signes de la royauté vois-tu ?**

. . . .

L'organisation de l'Empire

3. **Lis le texte, puis réponds aux questions.**

> **Les comtes**
> Que les comtes veillent à maintenir entre eux la paix et la concorde. Et si, par hasard, survient entre eux quelque désordre ou trouble, qu'ils ne délaissent pas pour cela l'accomplissement de notre service. Si quelqu'un a tué un comte ou a donné un conseil au sujet de sa mort, que ses biens héréditaires reviennent au roi et qu'il soit remis au pouvoir de ce dernier.
>
> Olivier Guyotjeannin, *Archives de l'Occident, Le Moyen Âge*, tome I, © Librairie Arthème Fayard, 1992.

a. À quoi les comtes doivent-ils veiller ? . . . .

. . . .

b. Qu'arrivera-t-il à la personne qui tue un comte ? . . . .

. . . .

c. En t'aidant de ton livre page 74 et de ce texte, écris un texte pour présenter les comtes.

. . . .

. . . .

Mon résumé

Normands et Vikings

Livre pages 76 et 77

Les Normands

1. Lis ton livre pages 76 et 77, puis réponds aux questions.

a. Quel est l'autre nom des Normands ?

....

....

b. À quelle date sont-ils venus faire leurs raids ?

....

....

c. Où et à quelle date se sont-ils installés ?

....

....

2. Légende ce dessin avec les mots suivants : voile – mât – drakkar – bouclier – combattants – casques.

Les derniers raids

3. **Place sur la frise chronologique les dates des derniers raids : les raids normands, hongrois et sarrasins.**

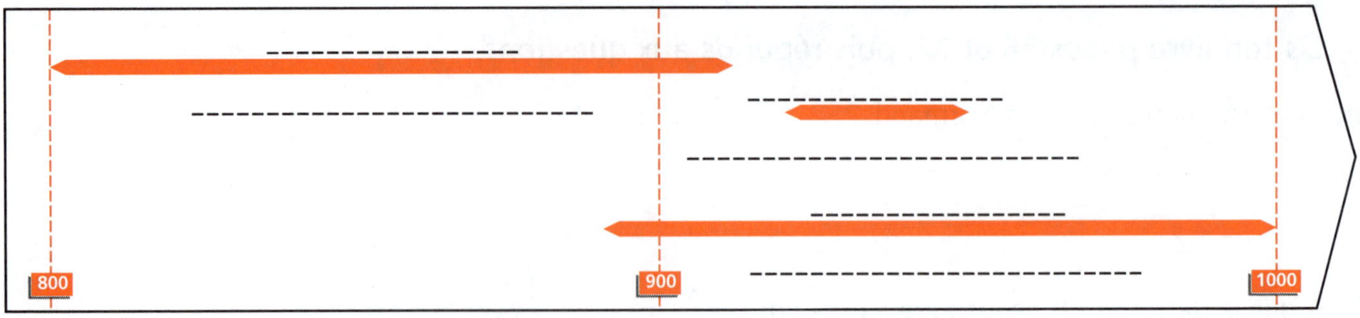

La société se transforme

4. **Lis ton livre page 77, puis réponds aux questions.**

a. Pourquoi les comtes prennent-ils de plus en plus d'importance au Xᵉ siècle ?

b. À quoi servaient les châteaux de bois ?

c. Explique ce que sont les vassaux.

Mon résumé

La Terre dans l'espace

Livre pages 90 et 91

La Terre est ronde et bleue

1. Observe le document 1 de ton livre page 90. Pourquoi ne peux-tu pas voir en même temps l'Afrique, l'Europe, l'Asie et l'Amérique ?

....

....

2. Lis le texte, puis réponds à la question.

> **Les hommes voient pour la première fois la Terre depuis la Lune**
> Le cadeau le plus riche rapporté par Armstrong et Aldrin de la mer de la Tranquillité n'est pas un échantillon du sol lunaire ; c'est la photographie de la Terre vue au loin, la si belle petite planète bleue. Elle est bleue, elle est belle, surtout elle est petite.
> A. Jacquard, *Le Temps du monde fini*, Le Seuil, 1991.

Qu'avons-nous appris de nouveau sur la Terre grâce à ce voyage sur la Lune ?

....

La Terre vue de loin

3. Lis le texte, puis souligne les mots qui montrent que la Terre est en grande partie recouverte d'eau.

> **Le bleu de la Terre**
> *Voici le récit imaginaire de l'expédition d'un extraterrestre arrivant de la galaxie M 82.*
> Le troisième jour de l'expédition, […] un magnifique corps céleste s'offre à vos yeux. Contrairement aux autres planètes rencontrées où dominent les rouges et les orangés, celle-ci a une teinte bleutée. Près des trois quarts de sa surface semblent recouverts d'eau, plus les calottes de glace qui coiffent les deux pôles. Un vert lumineux colore les terres émergées où se mêlent des teintes allant du beige à l'ocre.
> W. S. Fyle, *La Terre en péril*, Presses de l'université d'Ottawa, 1990.

4. De quel système fait partie la planète Terre ? Aide-toi du document 2 de ton livre page 91.

....

Mon résumé

Continents et océans

Livre pages 92 et 93

Se repérer à la surface de la Terre

1. Colorie en jaune les continents, en bleu les océans, puis écris leur nom.

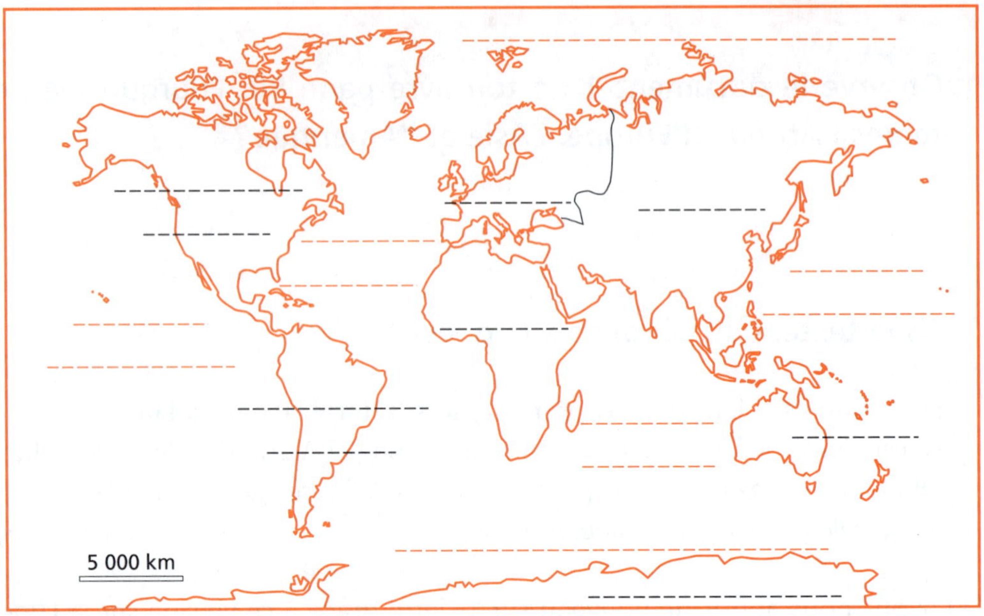

Des continents

2. Observe les documents 1, 2 et 3 de ton livre pages 92 et 93.
Dans quel hémisphère y a-t-il le plus de continents ?

. . . .

Un océan mondial

3. Lis le texte, puis réponds à la question.

Le nom de la Terre

C'est sans doute parce qu'il est un mammifère terrestre que l'homme a baptisé Terre la planète sur laquelle il vit. Pourtant, les trois quarts de la surface de la planète sont couverts par les océans et les mers qui constituent ce que l'on appelle l'océan mondial ou planétaire.

Découvrir la mer, Éditions de l'Argile, FNH, 1996.

Est-ce que la planète Terre porte bien son nom ? Pourquoi ?

. . . .

Mon résumé

Les représentations de la Terre

Livre pages 94 et 95

Du globe à la carte

1. **Compare le globe terrestre (document 1, page 94 de ton livre) avec la photographie de la Terre vue par satellite (document 1, page 90). Est-ce que le globe est une bonne représentation de la Terre ? Pourquoi ?**

....

....

2. **Observe le document 2 de ton livre page 95. On a retiré le papier qui recouvrait le globe terrestre et on l'a mis à plat. Que s'est-il passé ?**

....

....

3. **Observe le document 3 de ton livre page 95. Quelles transformations a-t-on fait subir au globe déroulé (document 2) pour obtenir le planisphère ?**

....

Représenter la Terre autrefois

4. **Lis le texte, puis complète la légende du croquis pour montrer comment était représentée la Terre.**

Une carte du monde il y a cinq cents ans

Un disque de terres entouré d'une mer océane ténébreuse, gelée au Nord, brûlante au Sud : tel est le monde pour les Européens d'il y a cinq cents ans […]. On sait que la Terre est une sphère. Mais quant à ses zones habitées, on les croit en général limitées à un petit quart de sa surface au Nord de l'équateur.

M. Lequenne, *Christophe Colomb, amiral de la mer océane*, © Éditions Gallimard, 1991.

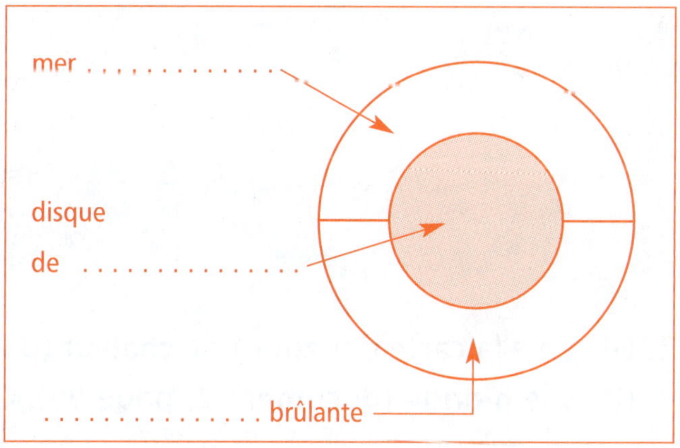

Mon résumé

Des milieux variés

Livre pages 96 et 97

Des zones plus ou moins chaudes, plus ou moins pluvieuses

1. Observe le document 1 de ton livre page 96.

a. Quelle est la zone du monde la plus chaude ? ....

b. De part et d'autre de quelle ligne imaginaire se situe cette zone ?

Aide-toi du croquis du monde page 93. ....

c. Où se situent les zones du monde les plus froides ?

....

....

d. Complète sur le schéma la légende des différentes zones (intertropicales, tempérées, polaires) à la surface du globe.

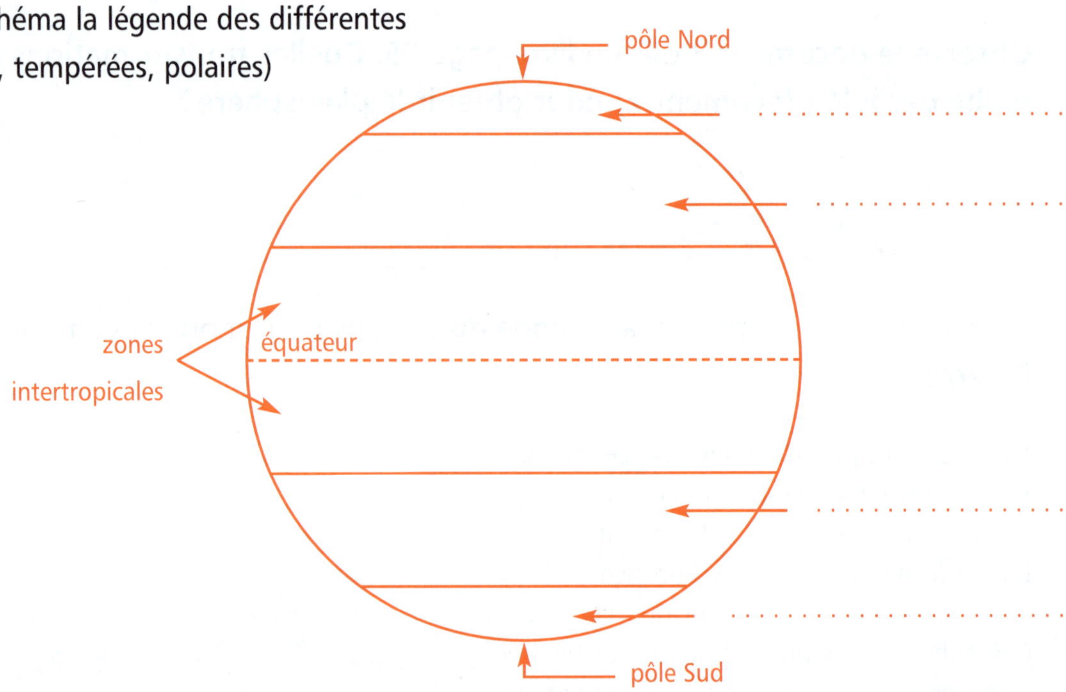

2. Observe la carte des zones de chaleur (document 1, page 96), puis celle des précipitations dans le monde (document 2, page 96). Complète le tableau.

ZONES	chaud	tempéré	froid	pluvieux	sec
équatoriale	✗			✗	
tropicale					
désertique					
tempérée					
polaire					

Une diversité des milieux

3. Les deux textes suivants décrivent deux milieux différents. À toi de les identifier !

> Vers le soir, le vent s'était brusquement levé ; [...] ç'avaient tout de suite été de véritables rafales. [...] Le temps de le dire, il s'était déchaîné une tempête à ne pas tenir les yeux ouverts. [...] Et la tourmente de neige s'était abattue.
>
> Aïtmatov, *Il fut un blanc navire*, Messidor, 1986.

a. À ton avis, dans quelle zone se produit la tempête ?

b. Souligne dans le texte les mots et les expressions qui décrivent la tempête.

> Les bouquets de bambous ont cédé à présent la rive droite, que nous côtoyons, à une espèce de forêt basse, incolore, qui plonge ses racines dans l'eau, élevant une barrière inabordable. [...] Sous la lumière du soleil qui enveloppe d'un halo de vapeur les feuilles humides, ce mur végétal [...] finit par ressembler à un ouvrage taillé au fil à plomb.
>
> A. Carpentier, *Le Partage des eaux*, traduction L.-F. Durand, © Éditions Gallimard, 1956.

c. Dans quel milieu circule la pirogue ? Souligne les mots du texte qui te permettent de le dire.

d. Pourquoi, à ton avis, la végétation est-elle aussi touffue ?

4. Observe le document 3 de ton livre page 97.

Dans quel milieu vivent ces enfants ? Coche la bonne réponse :

☐ intertropical ☐ tempéré ☐ polaire.

Mon résumé

Des migrations

4. Observe le document 4 de ton livre page 103. Penses-tu que les Chinois de San Francisco ont gardé leur langue et leurs modes de vie ? À quoi le vois-tu sur la photographie ?

. . . .

. . . .

. . . .

. . . .

. . . .

5. Lis le texte, puis réponds aux questions.

L'Amérique, pays d'immigrants

L'Amérique a été peuplée par les Européens : les Espagnols et les Portugais ont émigré vers l'Amérique du Sud ; les Anglais, suivis par d'autres Européens, fuyant la pauvreté (Allemands, Polonais, Italiens et Irlandais) ou les persécutions dans le cas des juifs, ont émigré vers l'Amérique du Nord. Arrivèrent ensuite les Chinois. Aujourd'hui, beaucoup de Latino-Américains vivent aux États-Unis.

Y. Lacoste, *Géographie*, Éditions de La Cité, 1999.

a. Combien comptes-tu, dans le texte, de populations étrangères qui se sont installées en Amérique ?

. . . .

b. Recherche dans le texte pourquoi les gens quittent leur pays.

. . . .

. . . .

c. Par quelles populations, dans l'ordre chronologique, l'Amérique a-t-elle été peuplée ?

. . . .

. . . .

Mon résumé

Un monde inégal

Riches et pauvres dans le monde

1. Observe la carte page 104 de ton livre. Quel est le continent le plus pauvre de la planète ?

....

2. Lis le document 2 page 104 de ton livre, puis complète le texte avec les mots : plus – moins.

Dans les pays pauvres, les gens travaillent beaucoup ...., leurs revenus sont beaucoup .... élevés, leur nourriture est .... abondante et .... variée. Les médecins sont .... nombreux, la scolarité y est .... développée. Le nombre de personnes ne sachant ni lire ni écrire est beaucoup .... élevé et les gens meurent .... jeunes.

Les enfants des pays pauvres

3. Lis le poème, puis réponds aux questions.

À Muna
Son école
a été emportée
La pluie s'est convertie
en des flots ténébreux
et l'école de Muna
simple esquif*
a sombré [...].
Enfants
des pays riches
pourquoi vous ne savez pas
qu'il y a des écoles
entraînées par les eaux ?
Pourquoi vous ne savez pas
qu'il y a des enfants... des enfants... des enfants
sans école et sans eau ?

F. Mayor, in *Un amour de planète*,
traduction de Thérèse Mazanod, UNESCO, 1995.

* **esquif :** petite barque.

a. Ce poème a été écrit en pensant à une petite fille. Quel est son prénom ?

....

b. Que raconte l'auteur ?

....

....

....

c. À qui s'adresse-t-il ?

....

d. Que veut-il leur apprendre ?

....

....

....

Mon résumé

La croissance des villes dans le monde

Le formidable développement des villes

1. En t'aidant du document 3 de ton livre page 107, place sur la carte les douze plus grandes villes du monde : Tokyo – New York – Séoul – Mexico – São Paulo – Osaka – Los Angeles – Bombay – Le Caire – Jakarta – Buenos Aires – Calcutta.

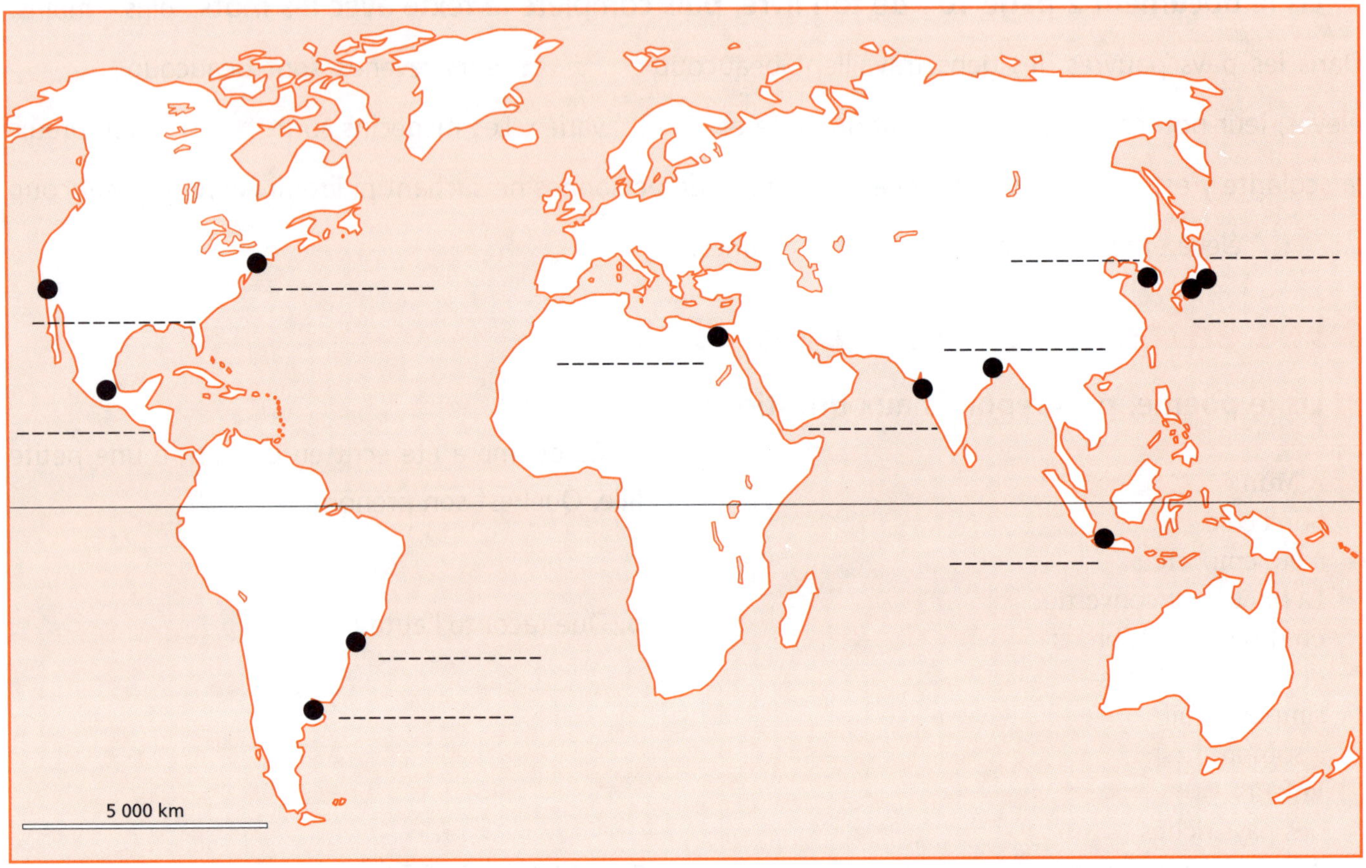

2. Observe le document 1 de ton livre page 106, puis lis le texte ci-dessous.

> La ville de Chicago
> La qualité du site, en bordure du lac Michigan, explique la densité des immeubles à usage mixte de bureaux et de résidences de luxe. Le plus haut domine le quartier de ses 375 m.
> A. Bailly, G. Dorel, *États-Unis, Géographie universelle*, Hachette-Reclus, 1992.

Entoure dans la liste les mots qui te semblent le mieux convenir à ce quartier :
haut – étalé – serré – riche – dégradé – rares – nombreux – affaires – gratte-ciel – tours – pavillons.

3. Observe le document 2 de ton livre page 106.

a. Jusqu'où arrive la ville du Caire maintenant ?

. . . .

b. Que va-t-elle faire si elle continue à se développer ?

. . . .

. . . .

La pauvreté urbaine

4. **Observe la carte des grandes agglomérations du monde (page 107) et la carte des pays riches et des pays pauvres (page 104). Où se trouvent la plupart des grandes agglomérations : dans des pays riches ou dans des pays pauvres ?**

....

5. **Lis le texte, puis réponds à la question.**

> **La pauvreté dans les villes indiennes**
> Ces ensembles de huttes précaires qui regroupent une partie considérable de la population vont de la misérable bâche ou de la natte appuyée sur deux perches et sur un mur, le long d'un trottoir, aux huttes en pisé où l'on ne peut se tenir debout à des constructions plus solides. Tous ces ensembles ont en commun un sous-équipement sanitaire.
>
> F. Durand-Dastès, *Géographie universelle*, Belin-Reclus, 1995.

a. Quelles sont les conditions de vie d'une grande partie de la population des villes de l'Inde ?

....

....

....

....

....

b. Quelles sont les conséquences de ces conditions de vie sur la santé des personnes ?

....

....

....

....

Mon résumé

Qu'est-ce que l'Europe ?

Livre pages 110 et 111

Un petit continent très peuplé

1. **Observe la carte des continents au début de ton livre. Quelle remarque peux-tu faire quand tu compares l'Europe aux autres continents ?**

....

2. **Observe la carte des grands foyers de peuplement dans ton livre page 102. L'Europe en fait-elle partie ?**

....

3. **Quel est le nombre d'habitants en Europe ?**

....

Un continent riche avec des différences

4. **Observe la carte de ton livre page 104. Que peux-tu dire à propos de l'Europe ?**

....

....

5. **Observe les documents 4 et 5 de ton livre page 111, puis associe chacun des textes suivants à une des photographies.**

Texte A

Le vieux Vida […] possède cinq arpents de terre, un cheval, une charrette ; il sème du maïs, des patates, des tournesols, du chou […]. Encore faut-il que quelqu'un en veuille. Pourtant, toute l'année, il faut biner, arroser, traiter.

Sandor Tar, *Notre Rue*, Actes Sud, 2001.

Texte B

La région du Centre, qui comprend la riche plaine de Beauce, est au premier rang des régions françaises pour la production de blé et d'orge, au second rang pour le maïs.

D. Pumain, Th. Saint Julien, *France, Géographie universelle*, Hachette-Reclus, 1990.

a. Texte A : document ....

b. Texte B : document ....

Mon résumé

L'Europe des villes

La répartition des villes en Europe

1. Observe la carte de ton livre page 112, puis réponds à la question.

Quelles sont les quatre plus grandes agglomérations européennes ?

. . . .

Des villes très anciennes

2. Observe le document 2 de ton livre page 113. Au centre de la photo, tu vois l'Acropole avec le Parthénon. Recherche, dans une encyclopédie, de quand date ce temple.

. . . .

3. Observe la carte de ton livre page 50. Quelles villes européennes existaient déjà à l'époque romaine ?

. . . .

L'organisation des villes européennes

4. Associe les documents 3 et 4 de ton livre page 113 à l'un des textes ci-dessous.

> Texte A – Le centre historique de Barcelone se dresse sur les restes de la ville romaine. De la cité médiévale nous conservons des bâtiments et des ensembles de grande valeur historique et architecturale comme le palais Royal Majeur, la chapelle de Santa Agata et la cathédrale.
>
> Texte B – C'est sur cette avenue que se concentre une bonne partie du monde des finances avec les nouveaux quartiers d'activité économique et commerçante, l'avenue Diagonal, une des principales zones d'affaires de la ville, avec ses bâtiments modernes.
>
> Ajuntament de Barcelona, 1992.

a. Document 3 : texte . . . .

b. Document 4 : texte . . . .

5. Quelles parties de la ville décrit chacun des textes ?

a. Texte A : . . . .

b. Texte B : . . . .

Mon résumé

Au sud de l'Europe

4. Lis le poème, puis réponds aux questions.

Un paysage de montagne

Au creux d'un pré,
une grange recueillait l'or des dernières feuilles [...].
Plus haut,
la forêt préparait sa palette
des tons fondus et légèrement dégradés
aux ombres pénétrées de lumière.

M.-P. Roc, M. Charron, *Aquarelles en Dauphiné*, Esperluette, 1993.

Quels sont les éléments du paysage décrits par ce poème ?

....

....

5. Observe le document 5 de ton livre page 119, lis le texte suivant, puis réponds à la question.

Le volcan du Vésuve

Le Vésuve est l'un des rares volcans européens encore en activité. Un jour d'août 79, débuta la terrible éruption : en deux jours, Pompéi fut recouverte d'une couche de cendres atteignant 6 à 7 m d'épaisseur. Jusqu'en 1139, sept éruptions furent enregistrées puis suivit une période de calme. En 1631, le Vésuve eut un terrible réveil (3 000 personnes périrent), puis en 1 794, tout au long du XIXe siècle, en 1929 et en 1944.

Guide Vert, Italie, Michelin, Éditions Voyages, 2002.

Place sur la frise chronologique les différentes éruptions du Vésuve.

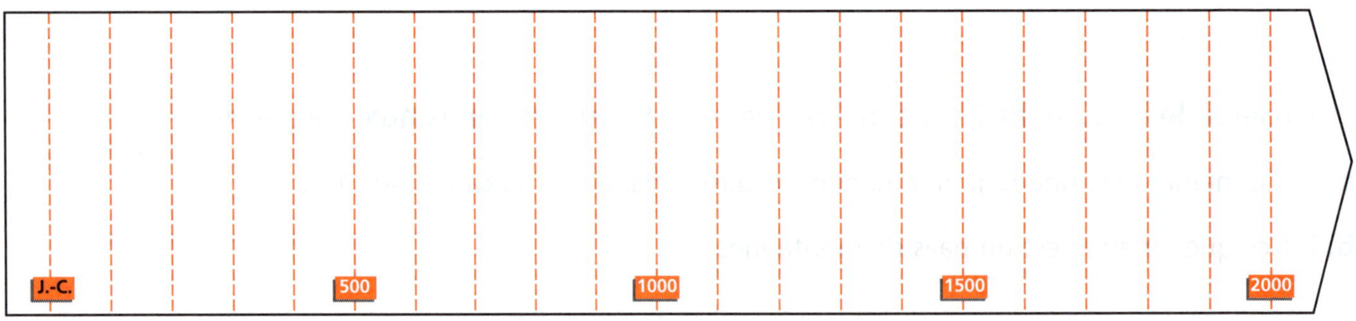

Mon résumé

Les climats en Europe

Livre pages 120 et 121

De grands ensembles climatiques

1. Observe la carte de ton livre page 120, puis complète les phrases avec les points cardinaux suivants : nord – sud – est – ouest – centre.

a. Le climat océanique est à .... de l'Europe.

b. Le climat continental est au .... et à .... de l'Europe.

c. Le climat méditerranéen est au .... de l'Europe.

La diversité des formations végétales

2. Observe les documents 2 (page 120) et 4 (page 121) de ton livre, lis les textes suivants, puis retrouve quel texte décrit chaque photographie.

Texte A – J'apercevais seulement, en me penchant, des terrasses et des sentiers. En face se dressait une montagne nue et aride, d'une vilaine couleur grisâtre, sans la moindre trace de culture, sans un arbre : de la terre et des pierres sous le soleil. C. Levi, *Le Christ s'est arrêté à Eboli*, © Éditions Gallimard.

Texte B – Les coucous et les moineaux mêlaient chants et gazouillis dans une confusion joyeuse. La route était tachetée de blanc par les pétales tombés des pommiers en fleur, et la rosée d'un gris étincelant s'attardait encore sur l'herbe et sur les fleurs. Th. Hardy, *Remèdes désespérés*, Robert Laffont.

a. Quel texte décrit la campagne irlandaise ? Le texte ....

b. Quel texte décrit la végétation méditerranéenne ? Le texte ....

3. Lis le texte, puis cite les deux types de végétations décrits.

La végétation d'Europe centrale
Il n'y avait même pas de sentier pour traverser la prairie couverte de renoncules. Les bouleaux étaient espacés. Mais quand je me retournais, nous étions déjà tout entourés de troncs blancs [...]. Aux bouleaux se mêlèrent peu à peu des hêtres, des frênes et des chênes.
Ingo Schulze, *33 Moments de bonheur*, © Librairie Arthème Fayard, 2001 pour la traduction française.

....

Mon résumé

Les reliefs en France

Livre pages 126 et 127

Un relief bien ordonné

1. Observe la carte de ton livre page 126, puis réponds aux questions.

a. Lis la légende et dis si la France est plutôt un pays de hautes terres (au-dessus de 1 000 m) ou un pays de basses terres (en dessous de 500 m).

....

b. Pose sur la carte une règle en partant de Bayonne et en allant jusqu'à Strasbourg. Quelle est la couleur dominante au-dessus de cette ligne, c'est-à-dire au nord-ouest ?

....

c. À quel type de relief cela correspond-il ? ....

d. Quelles sont les couleurs au-dessous de la ligne Bayonne-Strasbourg, c'est-à-dire au sud-est ?

....

e. Nomme les principales montagnes. ....

....

2. Construis la légende, puis colorie la carte.

☐	plaines et plateaux
☐	montagnes

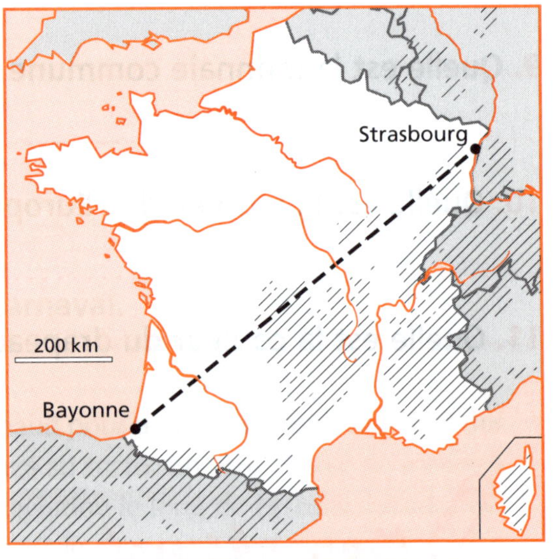

3. Lis les textes sur les trois paysages du Vaucluse, puis réponds aux questions.

Texte A
Étiré d'est en ouest sur environ 24 km, et sur 15 km du nord au sud, le mont Ventoux culmine à 1909 m. C'est le géant de la Provence. Son ascension permet de traverser cinq étages de végétation.

E. Crégut-Bonnoure et P. Moulet dans *Vaucluse*, encyclopédie Bonneton, 1995.

Texte B
Dans les plaines alluviales du Tricastin s'imposent les céréales. L'irrigation est tributaire de la Durance ; les secteurs où elle joue un rôle prépondérant sont à l'abri des haies de cyprès. Là dominent le maraîchage et les vergers.

E. Crégut-Bonnoure et P. Moulet dans *Vaucluse*, encyclopédie Bonneton, 1995.

Texte C
Le canton de Sault déroule les grandes parcelles de lavande associées aux céréales. L'altitude réduit ici l'éventail des possibilités agricoles. En revanche, on y retrouve chèvres et moutons, bien oubliés plus bas.

E. Crégut-Bonnoure et P. Moulet dans *Vaucluse*, encyclopédie Bonneton, 1995.

a. Pour chaque texte, indique s'il s'agit d'un plateau, d'une plaine ou d'une montagne.

Texte A : .... Texte B : .... Texte C : ....

b. Souligne dans chacun des textes les indices qui t'ont permis de donner le titre.

Des reliefs variés

4. Observe les documents 2 et 3 de ton livre page 127. Décris chacun d'eux en une ou deux phrases.

a. Le paysage de Normandie : ....

....

b. Le massif du Canigou : ....

....

c. Souligne dans tes descriptions les mots qui évoquent une plaine ou une montagne.

De grandes vallées

5. Lis le document 4 et observe le document 5 de ton livre page 127, puis réponds aux questions.

a. La Durance est une rivière qui se jette dans le Rhône. Recherche-la sur la carte du relief.

b. À quoi était-elle utilisée au temps des Romains ?

....

....

....

c. Comment la barque avançait-elle sur la rivière ?

....

....

d. Cherche dans le texte si la Durance était une voie de passage importante au XVIIIe siècle.

....

....

Mon résumé

Les climats en France

La répartition des climats

1. Observe la carte des climats page 128 de ton livre, puis reproduis-la sur le croquis avec la légende suivante :

a. en vert, le climat océanique ;
b. en bleu, le climat continental ;
c. en marron, le climat montagnard ;
d. en jaune, le climat méditerranéen.

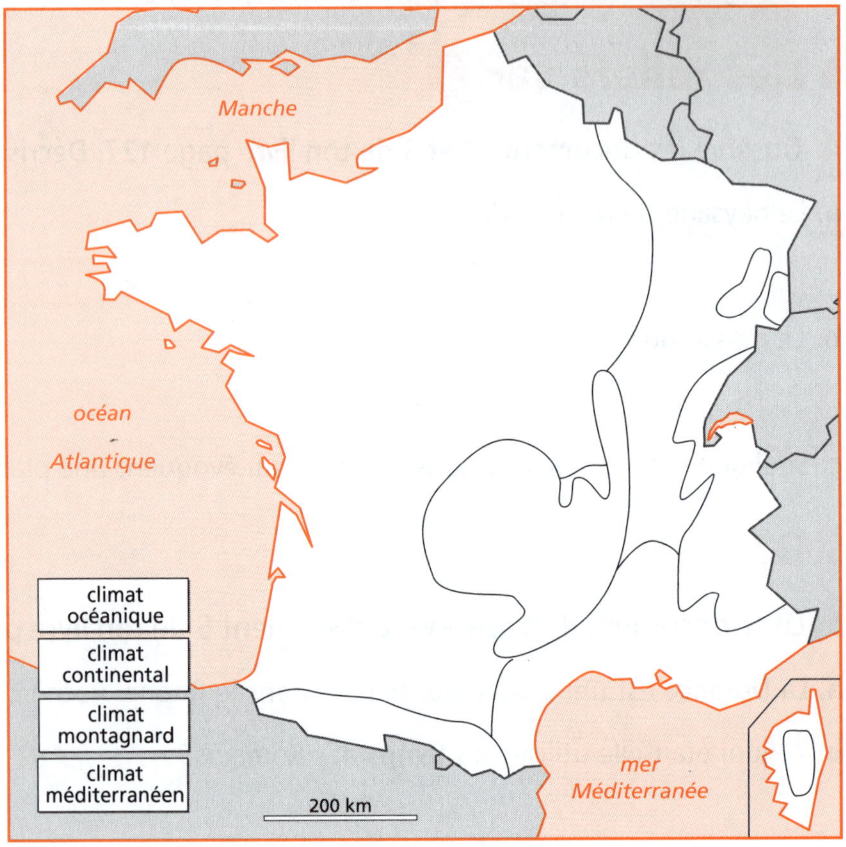

Les types de climats

2. Observe les documents 2, 3 et 4 de ton livre page 129, puis remplis le tableau suivant :

	Températures			Précipitations	Climat
Stations	janvier	juillet	écart		
Brest	....	....	....	....	....
Strasbourg	....	....	....	....	....
Marseille	....	....	....	....	....
Pic du Midi	....	....	....	....	....

3. Analyse le tableau, puis réponds aux questions.

a. Quelle station a la plus forte hauteur de pluie ? ....

b. Quelle station présente le plus faible écart des températures ? ....

c. Sur la carte des climats, dans quel climat est-elle située ? ....

d. Quelle station a les températures les plus élevées ? ....

e. Quelle est celle qui a la plus faible hauteur de pluie ? ....

f. De quel climat fait-elle partie ? ....

g. Quelle station a le plus grand écart des températures ? ....

h. À quel climat appartient-elle ? ....

i. Comment se caractérise le climat montagnard (températures et précipitations) ?

....

....

....

Des paysages marqués par les climats

4. Lis les textes (documents 5, 6 et 7 de ton livre page 129), puis réponds aux questions.

Document 5 : La garrigue

a. Cherche dans le texte deux verbes qui caractérisent la végétation de la garrigue.

....

b. Entoure les mots qui conviennent. La végétation méditerranéenne est la conséquence de :
la chaleur – la sécheresse – la pluie – le froid – le vent – la lumière.

Document 6 : Le chemin creux

c. Quelle est la couleur dominante de la végétation océanique ? ....

d. Entoure le mot qui convient. Cette végétation herbeuse est due :
à des pluies fines – au vent – au froid – à la sécheresse – à la neige.

Document 7 : La neige

e. Pourquoi pendant longtemps la neige a-t-elle été considérée comme un handicap ?
(Pense aux agriculteurs, aux troupeaux.)

....

....

f. Quand la neige est-elle devenue une chance ? ....

....

....

Mon résumé

La population de la France

Une population inégalement répartie

1. **Lis les deux textes, puis retrouve à quelle photographie de ton livre correspond chacun d'eux (documents 1 ou 2 page 130).**

Texte A
La vraie forme de la ville est dans cette montée et cette descente de toits, canaux, cheminées, et sur toutes ces choses s'élève la mâture des antennes de télévision ; des terrasses se font face, des clochers, des frontons de bâtiments publics, des tours.
D'après I. Calvino, *Palomar*, Seuil, 1985.

Texte B
Il traversa des campagnes désertes, rapiécées de champs de luzerne, de maïs, de seigle avec, de temps à autre, des vergers au milieu desquels une ferme reliée à la route par une allée de mûriers dormait, dans l'immobilité et le silence.
J. Carrière, *La Caverne des pestiférés*, Pauvert, 1978.

Rattache chacun des textes à la photographie 1 ou 2 de ton livre.

Texte A : Photo ......   **Texte B** : Photo ......

Une population urbaine

2. **Observe la carte de ton livre page 131, puis replace sur le croquis les principales villes françaises.**

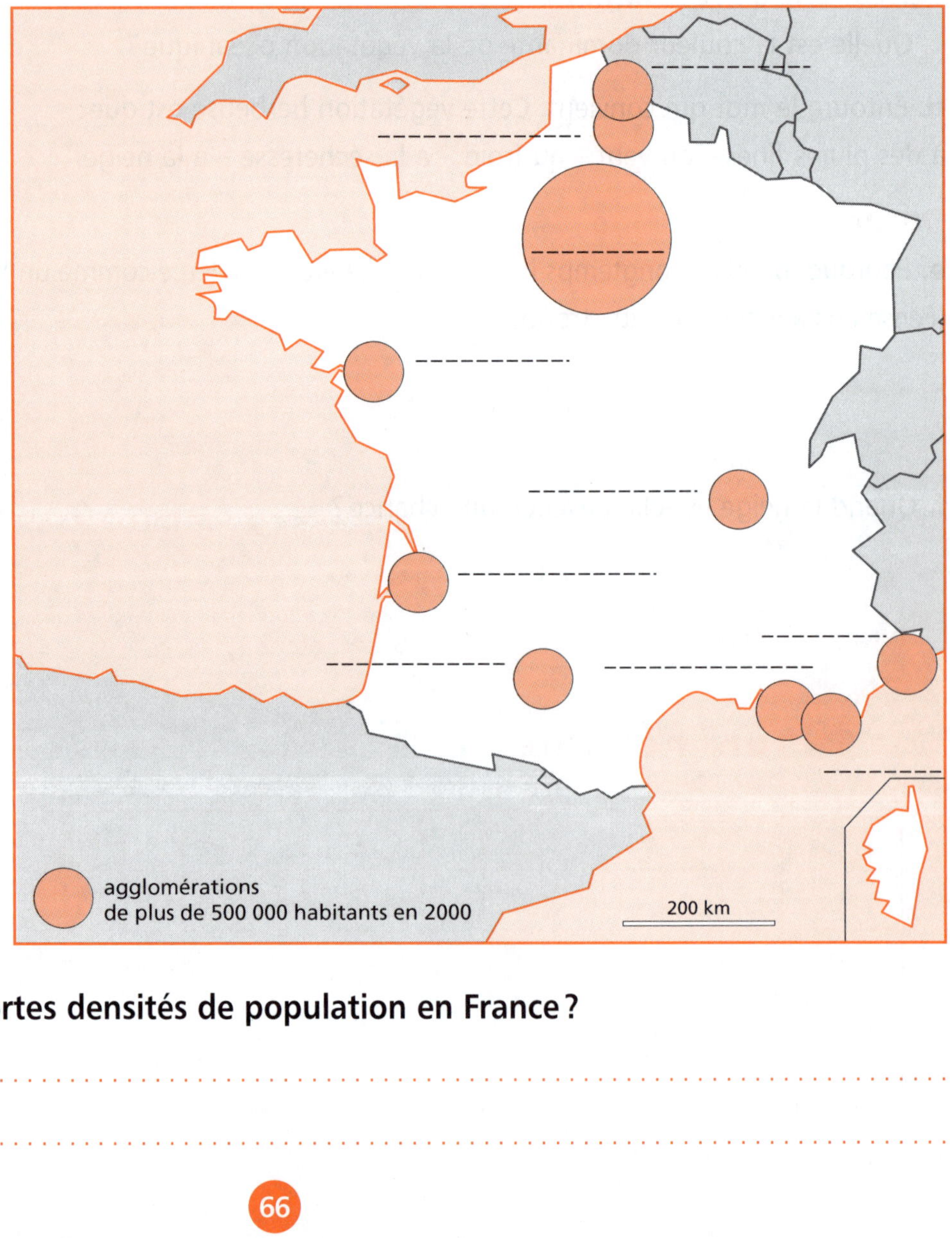

3. **Où se situent les plus fortes densités de population en France ?**

....

....

4. **Où se situent les plus faibles densités de population en France ?**

Une population vieillissante

5. **Lis le texte, puis réponds aux questions.**

> **La population française**
> Depuis 1990, date de l'avant-dernier recensement, la proportion des moins de 20 ans diminue et celle des plus de 60 ans augmente. La population vieillit : d'une part, il y a moins d'enfants parce qu'il y a moins de jeunes ; d'autre part, la baisse de la mortalité a surtout bénéficié aux âges les plus élevés.
> D'après *Le Monde*, 18 novembre 2000.

a. Quelle population a le plus augmenté depuis 1990 ?

b. Quelle conséquence cela a-t-il pour la population française ?

6. **Lis le texte, puis réponds à la question.**

> **Les immigrés en France**
> En mars 1999, plus de trois millions d'étrangers résidaient en France. [...] Les immigrés étaient un peu plus de quatre millions. Plus d'un immigré sur trois est devenu français.
> D'après *Le Monde* du 18 novembre 2000.

Entoure la bonne réponse.

Selon toi, ces jeunes immigrés font *augmenter / diminuer* la population française. Ils *ralentissent / accélèrent* le vieillissement de la population.

Mon résumé

Les paysages ruraux en France

La diversité des paysages agricoles

1. Observe les documents 1 (paysage de champs ouverts en Beauce), 2 (bocage breton) et 3 (paysage méditerranéen) de ton livre page 136, puis réponds aux questions.

a. Dans quel type de paysage est-il plus facile, à ton avis, d'utiliser de nombreuses machines pour effectuer les travaux agricoles ? Pourquoi ?

b. En t'aidant de ton manuel et de la carte page 126, colorie sur la carte ci-contre les différents types de paysages agricoles : le bocage **en vert** ; les champs ouverts **en jaune** ; l'agriculture méditerranéenne **en violet**.

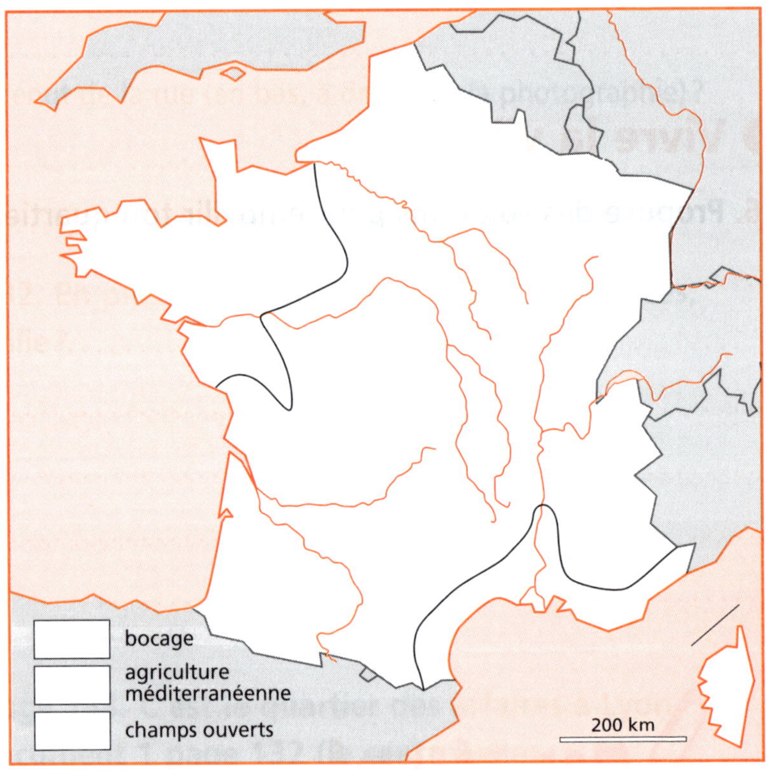

Vivre à la campagne

2. Lis le document 4 de ton livre page 137. Identifie les différents éléments du paysage rural et classe-les par ensembles.

a. Habitations :

b. Bâtiment religieux :

c. Voie de circulation :

d. Commerces :

e. Cultures :

La transformation des paysages ruraux

3. **Lis le document 4 et observe le document 5 de ton livre page 137. Complète ensuite le tableau ci-dessous :**

	Habitations	Autres bâtiments	Cultures	Voies de communication
Lansquenet-sous-Tannes	....	....	....	....
Estrées-Saint-Denis	....	....	....	....

a. Qu'est-ce qui domine dans le paysage de Lansquenet-sous-Tannes ?

....

....

b. Qu'est-ce qui apparaît pour Estrées-Saint-Denis et qui n'est pas à Lansquenet-sous-Tannes ?

....

....

c. Est-ce que ces bâtiments font partie, selon toi, de la ville ou de la campagne ?

....

d. Qu'est-ce qui apparaît à Estrées-Saint-Denis qui indique que l'on est quand même en milieu rural ?

....

e. Quel est le village qui t'apparaît le plus dynamique ?

....

f. Complète la phrase suivante en entourant le verbe qui convient :
Ces dernières années, les paysages ruraux : se sont transformés – sont restés les mêmes.

Mon résumé

Les paysages industriels en France

Livre pages 138 et 139

La transformation des anciens paysages industriels

1. **Observe le document 2 de ton livre page 138. Par quoi est recouverte la piste de ski ?**

....

2. **Lis le document 1 de ton livre page 138, puis réponds aux questions.**

a. Par qui les terrils ont-ils été formés ?

....

....

b. Quand a-t-on fermé la dernière mine de charbon dans le Nord ?

....

3. **Localise sur la carte les anciennes industries du charbon et colorie-les en gris (aide-toi du texte du manuel).**

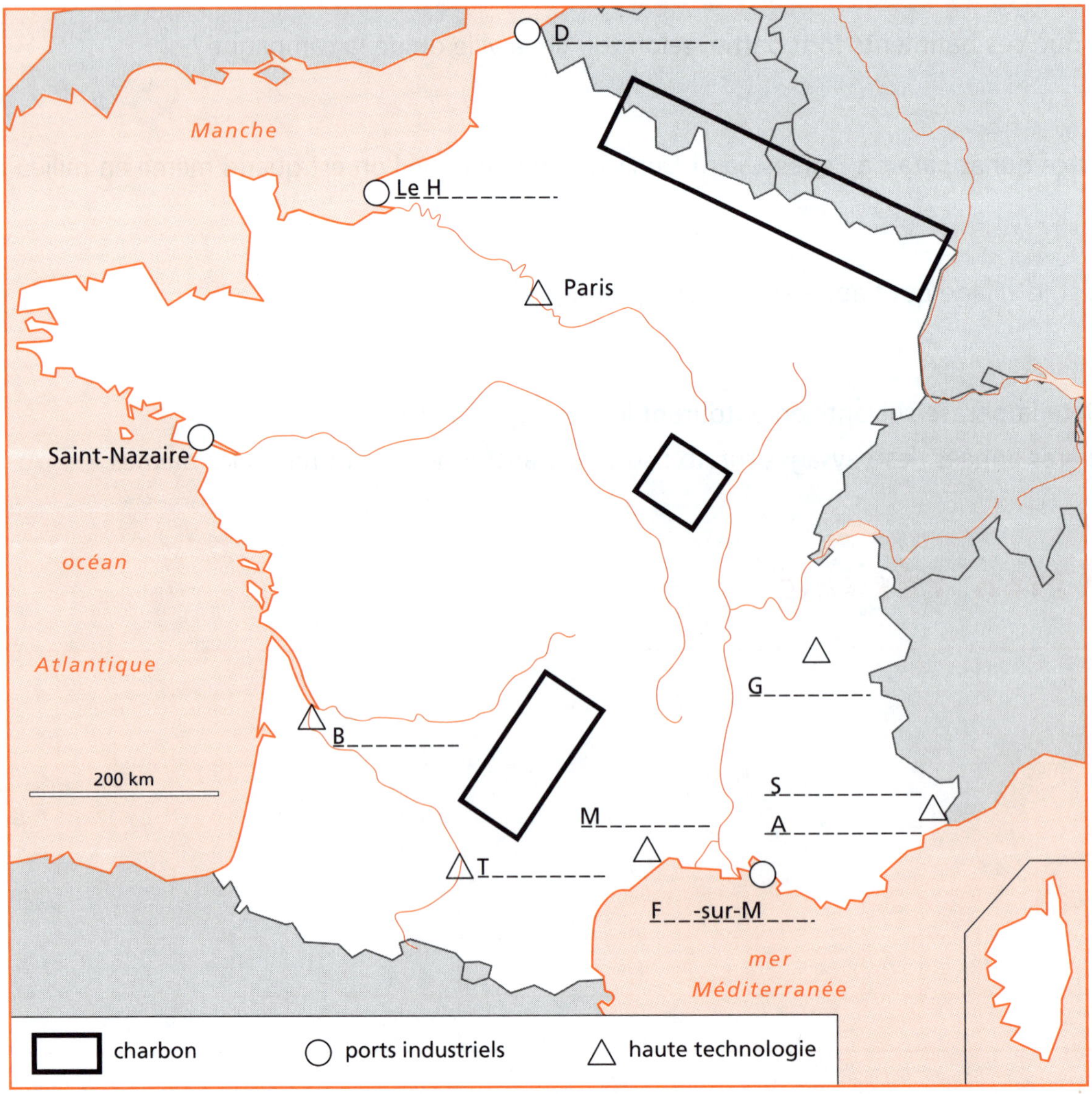

L'industrie sur les littoraux

4. Observe la raffinerie de pétrole de Fos-sur-Mer (document 3 page 139), situe-la sur la carte, puis réponds aux questions.

a. Quel produit arrive par bateau pour être transformé dans les raffineries ?

b. Localise sur la carte ci-contre les quatre grandes zones industrielles et portuaires de Dunkerque, Le Havre, Nantes/Saint-Nazaire, Fos-sur-Mer, puis colorie-les en bleu.

Les industries de haute technologie

5. Observe le document 4 de ton livre page 139, puis réponds aux questions.

a. Qu'est-ce qu'un centre de haute technologie ?

b. Est-ce que le cadre te paraît agréable ? Pourquoi ?

c. Colorie en rouge sur la carte les centres de haute technologie.

6. Entoure la bonne réponse.

a. En analysant la carte que tu as réalisée, tu peux conclure que les industries en France :
sont toujours restées au même endroit – ont changé de lieu.

b. Pour quelles raisons ?

Mon résumé

Les paysages montagnards en France

Livre pages 140 et 141

Une végétation étagée

1. Observe les documents 1 et 2 de ton livre page 140, puis réponds aux questions.

a. Entoure où se situent les hommes et les activités agricoles : dans la vallée – sur la montagne.

b. À quelle saison montait-on avec les troupeaux dans les alpages au-dessus de la forêt ?

....

Des vallées industrielles

2. Observe le document 3 de ton livre page 141. En t'aidant du texte de ton manuel, dis pourquoi les usines se sont installées dans les vallées alpines et ce qu'elles utilisaient.

....

....

Des paysages touristiques

3. Observe le document 4 de ton livre page 141, lis la fiche qui se rapporte à cette station, puis réponds aux questions.

a. À quelle altitude se situe la station ? ....

b. Jusqu'à quelle altitude peuvent remonter les skieurs ?

....

Les Arcs, station « Grand Domaine »
Altitude de la station : 1 800 m
54 remontées mécaniques de 1 200 à 3 226 m
104 pistes de ski alpin (200 km)
Espace spécifique « Nouvelles Glisses » […]
Neige de culture
30 km de ski nordique
25 km de sentiers balisés
ANMSM/Ski France, Guide Hiver 2003/2004.

c. En quoi peut-on dire que cet espace est fortement aménagé ?

....

....

4. Que peut-on conclure à propos des montagnes ? Souligne la phrase qui convient :

a. Les montagnes sont des espaces naturels.

b. Les montagnes sont des espaces aménagés.

Mon résumé

Les paysages littoraux en France

Livre pages 142 et 143

Des paysages touristiques

1. Observe le document 1 de ton livre page 142, puis réponds aux questions.

a. À quoi vois-tu qu'il y a beaucoup de vacanciers à Port-Camargue ?

b. Quelle est la première destination touristique en France ?

Des ports très divers

2. Observe le document 2 de ton livre page 143, lis le texte, puis réponds aux questions.

> **La pêche industrielle**
> À Boulogne, Lorient ou Concarneau, les installations permettent le déchargement [...] des grands navires de 40 à 80 mètres. Ils représentent la pêche industrielle. Selon leur mode de conservation des produits, glacés ou congelés, ils partent pour des marées d'une quinzaine de jours à quelques mois.
> *L'Atlas du littoral de France*, Éditions de Monza, 1994.

a. Quels types de bateaux se trouvent dans ces trois ports ?

b. Selon toi, à quoi sert la halle que l'on voit sur la photo (document 2) ?

c. Pour combien de temps partent les bateaux ?

3. Observe le document 3 de ton livre page 143, lis le texte, puis réponds aux questions.

> **Le port de Dunkerque**
> Une aciérie est mise en route en 1963 ; puis c'est la création du nouveau port ouest, d'un chenal d'entrée pour les pétroliers. Il en résulte une énorme extension des terre-pleins sur lesquels s'installent une centrale nucléaire, la pétrochimie et un port minéralier est construit.
> *L'Atlas du littoral de France*, Éditions de Monza, 1994.

a. Souligne **en vert** dans le texte les industries qui se sont installées dans le port de Dunkerque.

b. Souligne **en bleu** dans le texte les aménagements qui ont été faits pour accueillir ces industries.

Mon résumé

Les paysages du tourisme en France

Livre pages 144 et 145

La variété des sites touristiques

1. Observe la carte de ton livre page 144, puis réponds aux questions.

a. Quelle est le première région touristique d'été en France ? ....

b. À ton avis, pourquoi ? (Observe aussi le chapitre de ton manuel sur les climats en France pages 128 et 129.)

....

c. Quelle est la première région touristique d'hiver en France ? ....

La transformation des paysages par le tourisme

2. Observe le document 2 page 145, lis les textes publicitaires, puis réponds aux questions.

> Texte A
> Au parc Disneyland®, entrez dans l'univers des contes de fées, de la conquête de l'Ouest, dans le monde des aventuriers. Enfin, remontez le temps avec Jules Verne.
> Texte B
> Disneyland® Resort Paris [comprend] un pôle hôtelier de 8000 chambres [...], 69 points de restauration, 52 boutiques [...], un golf et Disney® Village, un lieu de divertissement.
> Brochure Hiver du parc Disneyland 2003-2004.

a. À qui s'adresse le texte A ? ☐ aux parents ☐ aux enfants

b. À qui s'adresse le texte B ? ☐ aux parents ☐ aux enfants

c. Ce parc a été construit sur des terrains agricoles. Souligne dans les deux textes tous les équipements que l'on a dû construire et qui ont transformé le paysage.

La protection des sites

3. Observe le document 3 de ton livre page 145. Qu'est-ce que le parc naturel de La Vanoise s'efforce de protéger ?

....

Mon résumé

Se déplacer en France

Livre pages 146 et 147

Des déplacements de plus en plus nombreux

1. Observe le document 1 de ton livre page 146, puis réponds aux questions.

a. Pourquoi y a-t-il des bouchons à certaines heures de la journée ? (Aide-toi de la rubrique « Le sais-tu ? » de ton livre page 146.)

....

b. À certains moments de l'année, les gares sont saturées et les autoroutes ont des bouchons de plusieurs centaines de km. À quelles périodes ?

....

Des moyens de transport variés

2. Note tous les moyens de transport qu'on peut utiliser là où tu habites.

....

....

3. Souvent la multiplication des voies de communication a donné naissance à de grands travaux. Lis la fiche, puis réponds à la question.

Carte d'identité
Nom : pont de Normandie
Date d'ouverture : 1995
Longueur : plus de 2 km
Hauteur : 52 m au-dessus de la Seine

Sachant qu'il y a environ 3 mètres entre chaque étage d'un immeuble, combien d'étages représente la hauteur du pont de Normandie ?

....

De grandes voies de communication

4. Observe la carte des transports de ton livre page 147. Cite les deux plus grandes voies de circulation à partir de Paris.

a. Paris : .... **b.** Paris : ....

Mon résumé

Les DOM-TOM

Livre pages 150 et 151

Des îles tropicales

1. **Observe la carte de ton livre page 150. Nomme les quatre départements d'Outre-mer et indique l'océan dans lequel ou au bord duquel chacun se trouve.**

a. .... dans l'océan ....

b. .... dans l'océan ....

c. .... dans l'océan ....

d. .... dans l'océan ....

D'anciennes plantations

2. **Lis le texte, puis réponds aux questions.**

La Martinique
En 1635, Pierre Belain d'Esnambuc sera le premier à prendre possession de la Martinique au nom du Roi de France. Puis ce sera le développement de l'activité sucrière et le besoin de main-d'œuvre.
Le Code noir de Colbert va institutionnaliser la traite des esclaves noirs. L'esclavage sera aboli définitivement par un décret de 1848.

Office départemental du Tourisme de la Martinique, 2002.

a. En quelle année la France a-t-elle pris possession de l'île de la Martinique ? ....

b. Qui travaillait dans les plantations de canne à sucre ? ....

3. **Observe le document 2 de ton livre page 151. Où vont être expédiées les bananes ?**

....

4. **Cite au moins deux cultures tropicales.**

....

Des îles touristiques

5. **Observe le document 3 de ton livre page 151, lis ce texte d'un dépliant publicitaire, puis réponds à la question.**

Madinina
Madinina, « l'île aux fleurs » peuplée de « 360 000 sourires » se situe au sud de l'archipel des Caraïbes. Une température moyenne de 26 °C en fait l'île de l'éternel été, tandis que les eaux cristallines des plages bordées de cocotiers avoisinent les 25 °C grâce à un ensoleillement remarquable de 8 heures par jour.

Office départemental du Tourisme de la Martinique, 1999.

Comment sont présentées les îles ? ....

....

Des îles à risques

6. Lis le document 4 de ton livre page 151, puis réponds aux questions.

a. Dans quelle île est situé le volcan du piton de la Fournaise ?

....

b. Recherche dans le texte ce qui rend ce volcan dangereux.

....

....

7. Lis le texte, puis réponds aux questions.

Un cyclone

Puis vient le bruit de l'ouragan comme un troupeau qui court à travers les plantations et les broussailles, et j'entends aussi le bruit de la mer, terriblement proche. [...] Maintenant, j'entends le vent qui vient de la mer, et de plus en plus fort le corps du grand animal furieux qui brise tout sur son passage.

J.M.G. Le Clézio, *Le Chercheur d'or*, Éditions Gallimard, 1985.

a. À quoi l'auteur compare-t-il le cyclone ?

....

....

b. Est-ce que ces îles sont aussi paradisiaques que le laisse entendre le dépliant publicitaire ? Pourquoi ?

....

....

c. Cite deux risques naturels qui les menacent.

....

....

Mon résumé

résence de la France dans le monde

Livre pages 152 et 153

Des terres dans tous les océans

1. Observe le document 1 de ton livre page 152, puis réponds aux questions.

a. Est-ce que ce paysage ressemble à un paysage que tu connais ? ....

b. Dans quel océan se situe la Polynésie française ? ....

2. Regarde la carte de la page 150 de ton livre, puis entoure les mots qui conviennent dans la phrase.

La France est présente dans : un – quelques – tous les océan(s) du monde.

Le français parlé tout autour du monde

3. Observe la carte de la francophonie de ton livre page 153, puis réponds aux questions.

a. Dans quels continents est parlé le français ? ....

b. Compte le nombre de francophones (c'est-à-dire les gens qui parlent français) tout autour du monde.

....

Une ouverture sur le monde entier

4. Observe les documents 4 et 5 de ton livre page 153, puis réponds aux questions.

a. Est-ce que l'affiche « Danone » est écrite dans notre langue ? ....

b. Est-ce que les produits que la France vend à l'étranger sont variés ? ....

5. Observe le document 3 de ton livre page 153, puis réponds aux questions.

a. La publicité est-elle écrite en français ? ....

b. À qui s'adresse-t-elle ? ....

c. Que peux-tu dire sur l'origine des touristes qui viennent en France ?

....

Mon résumé

Imprimé en France par JOUVE - N° 343392J
Dépôt légal : 41908 - 03/2004 - Collection n° 88 - Édition n° 01 - 11/6383/1